Davide Storelli

La moneta secondo Aristotele

ISBN: 978-1-387-13999-6

Tel. 080.395.36.13; d.storelli@tiscali.it

Facebook: Amici di Shylock

Usura soffoca il figlio nel ventre

arresta il giovane amante

cede il letto a vecchi decrepiti

si frappone tra giovani sposi

CONTRO NATURA

Ad Eleusi han portato puttane

Carogne crapulano

Ospiti d'usura

Ezra Pound

Indice

Introduzione

Cosa ne pensava Aristotele della moneta?

Questo testo parte da questa domanda per approdare a delle conclusioni alquanto disarmanti, specie alla luce di quello che viene comunemente sostenuto in ambito monetario.

Un'antica conoscenza, risalente a circa 2.300 anni fa, viene così rivalutata e confrontata con quanto si sostiene oggi, non senza una buona dose di superficialità, sulla questione monetaria.

Cos'è la moneta? Essa può essere scarsa? Cosa fanno le banche quando erogano un prestito? E la moneta da loro emessa è moneta legale? Il cosiddetto *"bail in"* è costituzionale? Gli Stati dell'area Euro possono adottare un'altra moneta? Cos'è il reddito di cittadinanza?

Questo testo risponde a tali domande in modo chiaro e rigoroso, alla luce della Giurisprudenza nonché dell'orientamento delle massime autorità monetarie europee.

Si tratta di una ricerca che può essere utile sia all'addetto ai lavori che al neofita che si affaccia per la prima volta a queste tematiche.

In pratica, è un valido supporto tecnico per chiunque voglia approfondire la questione monetaria, ma è anche una specie di bussola che ci fa capire dove sta andando il capitalismo, proprio perché il concetto di moneta è fondamentale in un'impostazione tesa all'arricchimento.

Davide Storelli

1. La moneta secondo Aristotele

Non ci sono i soldi.

Sempre più spesso si sente questa affermazione, specie da parte degli amministratori pubblici. "Vorremmo realizzare i nostri progetti ma non possiamo perché non ci sono i soldi".

Prima di affermare che mancano, cerchiamo di capire cosa sono. Anche per sapere se gli amministratori pubblici hanno ragione oppure non sanno di cosa stanno parlando.

Cosa è il denaro?

Non tutti gli "addetti ai lavori" sanno rispondere adeguatamente a questa domanda. Non tutti sanno che la prima - e per certi versi più esaustiva – definizione al riguardo è risalente a circa 2.300 anni fa.

Una persona che avrebbe influenzato il pensiero occidentale come pochi altri, infatti, si è occupata anche di questo. E lo ha fatto a suo modo. Stiamo parlando di Aristotele.

*"Tutto ciò che è oggetto di scambio deve essere in qualche modo commensurabile. A questo scopo è stata inventata la moneta, che è diventata una sorta di termine medio, dato che misura tutto. Misura sia l'eccesso che il difetto e quindi anche quante scarpe siano uguali a una casa o a ad una determinata quantità di viveri. Bisogna, dunque, che il rapporto che c'è tra un architetto ed un calzolaio ci sia tra un determinato numero di scarpe e una casa o una certa quantità di cibo. Infatti, se non vi è commensurabilità non si possono avere né scambio né comunità. E questo non si attuerà se i beni da scambiare non siano in qualche modo uguali. Quindi è necessario che tutto venga misurato con un qualcosa di unitario, come abbiamo già detto prima. Questo, in verità, è il bisogno, che tiene unita la comunità; se infatti non vi fosse bisogno di nulla, o se non vi fosse bisogno in modo comparabile, lo scambio non avrebbe luogo o non sarebbe lo stesso. E come mezzo di scambio per soddisfare il bisogno è nata, per accordo comune, la moneta, e per questo ha il nome di nomisma (moneta), perché **non è per natura ma per convenzione e dipende da noi cambiarne il valore o renderla senza valore**. (...) Se in un certo momento non*

abbiamo bisogno di nulla, la moneta è una sorta di garanzia che gli scambi saranno possibili anche in futuro (funzione di riserva di valore, n.d.r.), quando saranno necessari, giacché deve essere possibile a chi porta moneta ricevere ciò di cui ha bisogno. Anche la moneta subisce l'inconveniente di non avere sempre il medesimo potere d'acquisto, tuttavia il suo valore tende a rimanere piuttosto stabile. E' per questo che tutte le merci devono essere valutate in moneta; così, infatti, sarà sempre possibile uno scambio e, se sarà possibile lo scambio, sarà possibile anche la comunità. Dunque la moneta, come misura, parifica le merci perché le rende tra loro commensurabili, infatti non ci sarebbe comunità senza scambio, né scambio senza parità, né parità senza commensurabilità. In verità sarebbe impossibile rendere commensurabili cose tanto differenti, ma ciò è possibile in misura sufficiente in rapporto al bisogno. Per conseguenza ci deve essere una unità, ma questa c'è per convenzione, perciò si chiama nomisma (moneta) perché è questa che rende tutte le cose commensurabili: tutto, infatti, si misura in moneta. Sia A una casa, B dieci mine, C un letto. A è la metà di B se la casa vale cinque mine, cioè è uguale a cinque *mine; il letto C, poi, vale un decimo di B: è chiaro allora, quanti letti sono uguali ad una casa: cinque. Ma che così lo scambio fosse possibile anche prima che ci fosse la moneta è chiaro: non c'è, infatti, alcuna differenza tra dare per una casa cinque letti o il valore di cinque letti in moneta".* [1]

Aristotele, come sempre, analizza con estrema lucidità ciò che accade, e lo fa partendo dalle finalità: qual è l'obiettivo da raggiungere? Agevolare gli scambi.

Qual è il modo migliore per raggiungerlo? Rendere gli oggetti da scambiare in qualche modo commensurabili. Come fare? Con una moneta.

Ecco la finalità fondamentale della moneta: quella di unità di conto. Grazie a questo "qualcosa di unitario", si ottiene la commensurabilità tra gli oggetti, quindi si agevolano gli scambi, e si può instaurare una comunità. Senza la commensurabilità garantita dalla moneta, una comunità, come la conosciamo, non può formarsi.

Evidentemente Aristotele riconosceva alla moneta - ed alla sua funzione primaria di unità di conto - un'importanza che

---

[1] Aristotele, Etica Nicomachea, V, 1133

quasi tutti, dopo di lui, non hanno più riconosciuto, o quantomeno non hanno riconosciuto in questi termini.

La moneta come strumento essenziale per la costituzione di una società, in conseguenza della sua funzione indispensabile di unità di conto.

In quanto unità di conto la moneta è "termine medio". Cosa significa? Se ho un bene ed intendo cederlo per ottenerne un altro, posso cedere il mio bene ottenendo una data quantità di moneta, che mi consentirà di ottenere il bene di cui ho bisogno da un altro soggetto, cedendogli la moneta precedentemente ottenuta.

La moneta agevola gli scambi nella misura in cui consente di superare i limiti del baratto diretto: bene contro bene.

Allora, definire la moneta termine medio significa precisare che lo scambio non si perfeziona con la cessione di un bene a fronte dell'acquisizione di moneta; lo scambio si perfeziona con la successiva cessione della moneta ottenuta, in modo da entrare in possesso di un bene diverso da quello ceduto.

Solo allora lo scambio sarà perfezionato perché solo allora il soggetto si sarà privato di un bene e ne avrà ottenuto un altro.[2]

Termine medio, intermediario degli scambi, mezzo di scambio, queste sono le funzioni che la moneta, l'unità di conto, consente di espletare.

Ma allora, il termine medio ha valore solo nella misura in cui consente di ottenere altri beni, non ha valore in sé (non ha valore intrinseco, ad eccezione del mero valore d'uso).

Il suo valore è strettamente ancorato alla sua capacità di far ottenere al relativo possessore altri beni.

Una moneta che non consenta di ottenere qualcosa non è una moneta.

Allora, ancorché d'oro, di argento, o di qualsiasi altro materiale prezioso, la moneta ha valore solo se consente di ottenere qualcos'altro.

"Il denaro pare una cosa vana e puro frutto di convenzione, senza un fondamento naturale perché, se quelli che lo usano preferiscono una moneta ad un'altra, la prima perde valore e non serve più a soddisfare alcuna necessità della vita, e chi è ricco di denaro potrà mancare del nutrimento necessario.

---

2 Approfondisco questa indagine nel mio "Alchemy – Moneta, Valore, Rapporto tra le Parti", Sovera editore, 2015.

Sarebbe una ben strana ricchezza quella la cui abbondanza non salvasse dalla morte di fame, come narrano di quel Mida, il quale, con la sua esagerata preghiera, ottenne che tutte le cose che gli venivano accanto si mutassero in oro".[3]

Ho la vaga sensazione che qualcuno tema di fare la fine di quel Mida.

"La moneta non è per natura ma per convenzione e dipende da noi cambiarne il valore o renderla senza valore".

Riuscite a cogliere l'importanza di questa osservazione?

La moneta non è qualcosa che cresce sugli alberi, qualcosa che si trova nelle miniere, qualcosa che dobbiamo realizzare, la moneta non è per natura, è per convenzione, e dipende da noi modificarla o renderla senza valore.

Ciò che conta, quindi, non è l'oggetto che decidiamo di utilizzare come moneta, ma la decisione di utilizzare quell'oggetto come moneta.

Ciò che conta non è l'oro, l'argento, la carta o i bit del computer, ciò che conta è la convenzione, l'accordo tra noi raggiunto nell'individuare qualcosa come unità di conto e

---

[3] Aristotele, Politica, I, 1257b

mezzo di scambio. Qualcosa che ci consenta di soddisfare i nostri bisogni, i differenti bisogni dei vari membri della comunità.

In tal modo, la moneta ottenuta cedendo un bene diventa una garanzia di uno scambio futuro, giacché sappiamo che ci sarà qualcuno che accetterà quella moneta cedendoci un proprio bene, un bene di cui avremo bisogno in futuro. Senza accettazione convenzionale, ciò che abbiamo in mano non è moneta.

Questa fondamentale constatazione è stata finalmente fatta propria anche dalla Banca d'Italia, la quale, correttamente, osserva che: *"L'acquirente consegna moneta al venditore in cambio di un bene o di un servizio; in questo modo si libera da ogni obbligo nei confronti del venditore, il quale, **accettandola, ne riconosce il valore"*.[4] Quindi chi riconosce (e quindi crea) valore alla moneta non è chi la emette ma chi la accetta.

---

[4] Banca d'Italia, La moneta e gli strumenti alternativi al contante, Quaderni didattici, Scuola secondaria di secondo grado, p. 5, http://www.bancaditalia.it/pubblicazioni/quaderni-didattici/moneta-scuola-secondaria-secondo-grado/LaMoneta_Scuola_secondaria-sg_pagSingole.pdf.pdf

Prima dell'accettazione - la prima accettazione a seguito della relativa emissione - quell'oggetto non è moneta. Potrà essere "moneta potenziale", ma affinché diventi "moneta reale" è necessario trovare qualcuno disposto a cedere un bene o ad erogare un servizio in cambio di quella "moneta potenziale". Solo con la prima accettazione, quella diventa moneta, poiché qualcuno le ha attribuito (le ha riconosciuto) un valore pari a quello del bene ceduto o del servizio erogato.

Quindi Aristotele ha perfettamente individuato le funzioni caratteristiche di ogni moneta, che sono, in ordine decrescente di importanza sotto il profilo logico:

1) unità di conto ossia misura del valore;
2) mezzo di scambio;
3) riserva di valore.

Per ottenere queste tre funzioni serve un'unica cosa: una convenzione sociale.

Ne consegue che il valore meramente convenzionale della moneta avrebbe dovuto essere ben chiaro già prima della soppressione della convertibilità della banconota in oro.

Invero, il 15 agosto 1971 è stata formalizzata la soppressione della convertibilità dei dollari in oro, e quindi della convertibilità indiretta in oro di ogni altra banconota (cosiddetto sistema del *Gold Exchange Standard* nato con gli accordi di Bretton Woods del 1944).

Quando il presidente degli Stati Uniti Nixon, parlando in televisione, ha dichiarato che da quel momento gli Stati Uniti non avrebbero più convertito in oro i dollari detenuti dai non residenti (quelli detenuti dai residenti erano già inconvertibili in oro), qualcuno avrebbe potuto interrogarsi su cosa conferisse valore alla moneta, ossia perché le persone avrebbero continuato ad usare i dollari - o le altre banconote in essi convertibili - sapendo che non erano più convertibili in oro.

Se lo avessero fatto, forse sarebbero arrivati ad una risposta cui Aristotele era arrivato 2.300 anni prima di loro.

Il problema, forse, è che loro non avevano letto Aristotele; o forse non lo avevano capito.[5]

----

[5] Sostenere che alcuni avevano fatto finta di non conoscerlo o di non capirlo presuppone una presunzione, che è estranea a questa trattazione, che, invece, si ripropone di essere ancorata ai fatti, e di articolarsi in modo logicamente coerente, ossia scientifico.

La banconota, esattamente come il doblone d'oro o qualsiasi altro oggetto impiegato come moneta, non ha valore in sé (ad eccezione del valore d'uso), ma ha valore solo se la collettività è disposta ad usarla come mezzo di scambio.

Se la collettività è disposta ad usare un certo oggetto come mezzo di scambio esso diventa moneta, indipendentemente dal relativo valore d'uso (da cui scaturisce il valore commerciale), che può essere anche infimo o inesistente, come espressamente riconosciuto dalla Banca Centrale Europea.[6]

Per converso, se si intende impiegare come moneta un oggetto di rilevante valore commerciale, ma la collettività non è disposta ad impiegarlo come mezzo di scambio, quell'oggetto, ancorché prezioso, non diventa moneta.

Quindi, come ha evidenziato Aristotele, la costituzione di una moneta non è un fatto naturale, dipendente da accadimenti fuori controllo, ma un fatto sociale, dipendente dalla volontà dei consociati.

---

[6] "From a legal perspective, money is anything that is used widely to exchange value in transactions", BCE, Virtual Currency Schemes - A Further Analysys, 2015, p. 24,
https://www.ecb.europa.eu/pub/pdf/other/virtualcurrencyschemesen.pdf

Solo i consociati possono decidere cosa impiegare come moneta, e quindi solo i consociati possono "dare corso" ad una moneta oppure portarla "fuori corso".

Solitamente tale scelta, nelle moderne democrazie, avviene per un atto legislativo, in base al quale il Parlamento, in rappresentanza del popolo, statuisce che da quel momento in avanti una data moneta ha "corso legale" in quella data comunità statale.

Ciò significa che si assume che quella data moneta ha potere liberatorio per le obbligazioni pecuniarie (ossia per i debiti aventi ad oggetto una somma di denaro).[7]

In tal modo lo Stato indica una moneta, che da quel momento viene definita "moneta di Stato" — ed

---

[7] In Italia, per esempio, ciò è statuito dall'art. 1277 c.c. (Debito di somma di denaro): "I debiti pecuniari si estinguono con moneta avente corso legale nello Stato al tempo del pagamento e per il suo valore nominale". Pochi hanno notato che tale previsione è analoga alla seguente: se chiedo 100 euro per cedere questo mio bene, devo accettare 100 euro, per cui se qualcuno mi offrisse 100 euro non posso sostenere che mi sta facendo un'offerta in una moneta per me irricevibile. Ciò, tuttavia, non significa che io sia tenuto ad accettare esclusivamente un'offerta denominata in quella moneta, nel senso che ben posso ritenere adeguata un'offerta denominata in una moneta diversa, ancorché, per esempio, la legge abbia individuato nell'euro la cosiddetta "moneta legale".

impropriamente "moneta legale", giacché le altre monete non diventano, per questo, illegali – impegnandosi ad accettarla in pagamento per le proprie prestazioni, ossia, in primo luogo, impegnandosi ad accettarla per il versamento delle tasse (nonché pagando solo in tale moneta i propri fornitori interni, per esempio i dipendenti pubblici).

Tale impegno dello Stato fa sì che anche i consociati siano ben disposti ad accettare la moneta di Stato a fronte della cessione di propri beni o servizi, giacché sanno che quella moneta serve per pagare le tasse, per cui tutti, dovendo pagare le tasse, saranno disposti ad accettarla.

Il venditore, pertanto, che è libero di chiedere qualsiasi cosa in cambio di un bene di sua proprietà, è ben disposto a chiedere una contropartita in moneta di Stato giacché sa che, venduto il proprio bene ed incassata la relativa somma in moneta di Stato, non avrà problemi a procurarsi ciò di cui avrà bisogno, poiché non avrà problemi a farsi accettare la moneta precedentemente ottenuta.

Lo Stato, grazie all'imposizione fiscale, individua una moneta e ne induce l'accettazione generalizzata da parte dei consociati, per questo si parla anche di "corso forzoso", anche se sarebbe più corretto parlare di "corso indotto", giacché lo Stato non può forzare qualcuno ad accettare la moneta di Stato in cambio della cessione di un proprio bene o di un servizio, così come non può vietare la permuta (ossia il baratto).

La moneta a corso forzoso (la moneta a corso indotto dallo Stato), allora, è la moneta che l'amministrazione statale seleziona per farla diventare la moneta maggiormente impiegata nelle transazioni all'interno dello Stato.

Ciò non toglie che i consociati siano liberi di regolare le proprie transazioni in modo diverso, ossia impiegando, in tutto o in parte, un differente mezzo di pagamento (un differente mezzo monetario).

Lo Stato, infatti, può esigere che una parte del valore della transazione venga versata allo Stato a titolo di imposizione fiscale, ma non può imporre il modo in cui i consociati decidono di scambiarsi beni o servizi, né può imporre ad un venditore, ancorché professionale, quale mezzo di pagamento accettare, giacché l'iniziativa economica privata è libera (e tale libertà, in

Italia, è riconosciuta e garantita dalla più alta fonte di diritto ossia dalla Carta Costituzionale, in particolare dall'art. 41).

In realtà il corso forzoso è stato storicamente impiegato per far affermare una certa moneta in un dato ambito territoriale (solitamente nazionale ma a volte anche oltre, basti pensare agli imperi coloniali e all'utilizzo della moneta del Paese *core* anche dopo il crollo del relativo impero, si vedano gli esempi della Francia e della Gran Bretagna).

Ciò, tuttavia, non è stato sufficiente ad "imporre" ai consociati di accettare quella moneta quando lo Stato ha dato cattiva prova di sé, ossia ha perso la fiducia dei cittadini.

Come riconosce espressamente la BCE,[8] neanche una moneta a corso forzoso, e quindi neanche l'imposizione fiscale, è in grado di indurre i consociati ad accettare una moneta quando essi, perdendo fiducia in chi la emette (prima lo Stato, ora le banche centrali), sanno che avranno difficoltà ad impiegarla, perché anche gli altri tendono ad accettarla con sempre maggior riluttanza.

---

[8] https://www.ecb.europa.eu/explainers/tell-me-more/html/what_is_money.it.html

In quanto convenzione sociale, la moneta rimane tale fin tanto che persiste tale convenzione, e cessa di essere moneta quando i cittadini non le riconoscono più la funzione tipica di mezzo di scambio, ancorché una legge continui a definirla "moneta di Stato" o "moneta legale" che dir si voglia.

Correttamente, al riguardo, la Banca Centrale Europea[9] ha riconosciuto che la moneta si fonda sulla fiducia della gente, per cui, indipendentemente da qualsiasi costrizione statale, se la fiducia della gente in quella moneta (ossia in chi la amministra)[10] viene meno, quella moneta comincia a perdere le proprie funzioni monetarie, ossia le gente inizia a ridurne l'utilizzo come unità di conto, mezzo di scambio e riserva di valore.

---

[9] European Central Bank, Virtual Currency Schemes, 2012, p. 10, https://www.ecb.europa.eu/pub/pdf/other/virtualcurrencyschemes201210 en.pdf

[10] Ossia, oggi, sia nella banca centrale, competente per la fase di emissione, sia nello Stato, competente per la fase di prelievo, mediante l'imposizione fiscale, nonché responsabile nell'aver delegato, per legge, l'emissione della moneta di Stato ad un soggetto diverso dallo Stato, quale, per l'appunto, la banca centrale. Si rammenta che in passato le caratteristiche che consentivano ad una data autorità di definirsi sovrana erano essenzialmente due: l'uso della forza, in grado di difendere un dato territorio, e il conio di una moneta, in uso in quel territorio.

Altrettanto correttamente la BCE definisce la moneta: "una istituzione sociale",[11] ed in ciò emerge tutta la saggezza di chi non è a digiuno di questioni monetarie, ad iniziare da quelle filosofiche.

Non a caso, per esempio, Aristotele, nell'Etica Nicomachea, tratta la moneta al libro V, ossia proprio il libro dedicato alla giustizia[12] (altro che neutralità della moneta).

Quindi la massima autorità monetaria europea ha correttamente riconosciuto la forte valenza sociale della questione monetaria, evidenziando che le scelte in merito, prima ancora che meramente tecniche o monetaristiche, hanno una chiara valenza sociale, e quindi sono eminentemente politiche.

---

[11] European Central Bank, Virtual Currency Schemes, 2012, p. 10.
[12] Il titolo del libro è: "La giustizia come reciprocità. La moneta".

2. Moneta legale o moneta bancaria?

Abbiamo visto che lo Stato individua una moneta, la quale, da quel momento diventa "moneta di Stato" o "moneta legale".

Lo Stato paga i propri fornitori interni in tale moneta ed impone il versamento dei tributi in tale moneta.

Dal momento in cui lo Stato, mediante un provvedimento legislativo, definisce la moneta di Stato, questa assume la proprietà di essere ritenuta liberatoria per legge delle obbligazioni pecuniarie, per cui il debitore si libera dalla propria obbligazione pecuniaria versando al creditore la somma richiesta in moneta di Stato.

Il creditore non può legittimamente rifiutare, da parte del debitore, l'adempimento della relativa prestazione mediante versamento della somma dovuta in moneta di Stato.

Nell'ordinamento italiano tale principio, come visto, è sancito dall'art. 1277 c.c., rubricato "debito di somma di denaro".

Ma che ne è della moneta cosiddetta bancaria o scritturale?

La moneta bancaria o scritturale è quella che nasce in conseguenza di mere scritture contabili effettuate dalle banche nei propri database.

Sono moneta bancaria o scritturale, per esempio, i bonifici bancari, gli assegni circolari, gli addebiti diretti, i versamenti mediante carte di credito, di debito o prepagate, e così via.

Si tratta di moneta scritturale proprio perché la banca, a fronte di un ordine di pagamento da parte del debitore - che può essere impartito in varie forme, sia cartacee, per esempio con assegni circolari, che elettroniche, per esempio con bonifici on line – si limita ad addebitare il conto del debitore e ad accreditare quello del creditore, o a trasferire la relativa informazione (per esempio: 100 da Tizio a Caio), in formato elettronico, presso la banca del creditore, qualora essa fosse differente da quella del debitore.

In ogni caso il trasferimento di moneta scritturale non prevede il trasferimento di moneta di Stato, in quanto non vi è versamento né di banconote né di monete metalliche.

Le banche sono in grado di gestire i pagamenti in moneta scritturale grazie ad una camera di compensazione interbancaria, che consente loro di regolare le rispettive partite creditorie e debitorie, ossia le disposizioni monetarie da una banca all'altra.

Un meccanismo analogo si riscontra per le transazioni internazionali, mentre i pagamenti transfrontalieri nell'Unione Europea vengono gestiti da una camera di compensazione definita sistema Target 2 (dove Target sta per Trans-European Automated Real-Time Gross Settlement Express Transfer System).

Se un debitore offre al creditore l'adempimento della propria obbligazione pecuniaria in moneta scritturale anziché in moneta di Stato può considerarsi legalmente liberato dalla propria obbligazione?

In altri termini, se per esempio Tizio deve 500 euro a Caio, può limitarsi ad offrirgli un assegno circolare invece di consegnarli 500 euro in banconote?

A questa domanda sembra che la Banca Centrale Europea abbia risposto di no, giacché ha chiaramente puntualizzato che la moneta scritturale, o moneta bancaria, non è moneta legale.[13]

Ne consegue, in base a questa impostazione, che il creditore può legittimamente rifiutarsi di ricevere dal proprio debitore un pagamento che non sia in contanti.

Ma se il pagamento in questione dovesse superare la soglia prevista dalla legge per i pagamenti in contanti?[14]

In questo caso sorgerebbe un vistoso conflitto normativo, poiché in buona sostanza, tale previsione normativa vieta di usare la moneta di Stato oltre una certa soglia, quindi tale norma collide evidentemente con la fondamentale norma di cui all'art. 1277 c.c., che detta un principio cardine per l'adempimento delle obbligazioni pecuniarie.

Non si può, allo stesso tempo, imporre e vietare una certa modalità di estinzione delle obbligazioni pecuniarie. Una volta statuito che le obbligazioni pecuniarie si estinguono con

---

[13] European Central Bank, Virtual Currency Scheme – A Further Analysis, 2015, p. 24.
[14] Attualmente fissata in Italia a € 3.000,00 dall'art. 1, comma 898 della Legge 208/2015.

moneta avente corso legale nello Stato, non ha particolarmente senso statuire, con un differente provvedimento normativo, che per alcune obbligazioni pecuniarie (ossia quelle al di sopra di una certa soglia) la moneta avente corso legale nello Stato è inidonea al relativo adempimento.

O la moneta di Stato è idonea, anzi è legalmente prescritta, o non lo è.

Altrimenti il Legislatore sta evidenziando che, per tutta una serie di obbligazioni pecuniarie (ossia quelle al di sopra della soglia prefissata), la moneta avente corso legale nello Stato ha una efficacia liberatoria inferiore rispetto alla moneta bancaria (che è moneta privata) anzi, la moneta di Stato perde il proprio corso legale a favore del corso, divenuto legale oltre tale soglia, della moneta bancaria.

Non è una considerazione di poco conto. In pratica la moneta di Stato sarebbe moneta legale solo sotto una certa soglia, superata la quale, la moneta di Stato diverrebbe illegale mentre la moneta bancaria (privata) diverrebbe la nuova moneta legale. Forse non era questo l'intento dei Padri Costituenti.

Il cennato orientamento della Banca Centrale Europea sulla moneta bancaria è conforme alla Giurisprudenza italiana maggioritaria, ma nel 2007, con la sentenza n. 26617, la Corte di Cassazione, pronunciandosi a Sezioni Unite, ossia nella massima funzione di nomofilachia (garanzia dell'uniforme interpretazione della legge e dell'unità del diritto nazionale) ha statuito che il debitore ha facoltà di liberarsi dalla propria obbligazione pecuniaria, quand'anche essa fosse al di sotto della soglia legislativamente prevista, non soltanto mediante un pagamento in moneta avente corso legale nello Stato ma anche mediante moneta bancaria (nella specie, assegno circolare).[15]

Quindi la massima Autorità giudiziaria italiana, in opposizione a quanto avrebbe successivamente rilevato la Banca Centrale

---

[15] Cass., Sez. Un., n. 26617 del 18/12/2007: "Nelle obbligazioni pecuniarie, il cui importo sia inferiore a 12.500 euro o per le quali non sia imposta per legge una diversa modalità di pagamento, il debitore ha facoltà di pagare, a sua scelta, in moneta avente corso legale nello Stato o mediante consegna di assegno circolare; nel primo caso il creditore non può rifiutare il pagamento, come, invece, può nel secondo solo per giustificato motivo da valutare secondo la regola della correttezza e della buona fede oggettiva; l'estinzione dell'obbligazione con l'effetto liberatorio del debitore si verifica nel primo caso con la consegna della moneta e nel secondo quando il creditore acquista concretamente la disponibilità giuridica della somma di denaro, ricadendo sul debitore il rischio di inconvertibilità dell'assegno".

Europea, ha praticamente sostenuto che non solo la moneta bancaria è moneta a corso legale al di sopra della soglia legislativamente prevista, ma lo è anche al di sotto di tale soglia.

Quindi, mentre la moneta di Stato è moneta legale solo al di sotto della soglia legislativamente prevista, la moneta bancaria lo è sempre.

Con la firma del trattato di Maastricht l'euro è diventato l'unica moneta avente corso legale nei Paesi firmatari, tra cui la Repubblica Italiana. L'art 128, infatti, recita: *"La banca centrale europea ha il diritto esclusivo di autorizzare l'emissione di banconote all'interno dell'Unione. La banca centrale europea e le banche centrali nazionali possono emettere banconote. Le banconote emesse dalla banca centrale europea e dalle banche centrali nazionali costituiscono le uniche banconote aventi corso legale nell'Unione".*

Analogamente a quanto sopra osservato, anche tale previsione normativa, aderente, per l'ordinamento italiano, a quanto statuito dall'art. 1277 c.c., collide con i limiti all'utilizzo del contante.

Poiché, infatti, le banconote emesse dalla banca centrale europea e dalle banche centrali nazionali costituiscono l'unica moneta avente corso legale nell'Unione e quindi nella Repubblica Italiana, l'offerta di pagamenti in tale moneta non potrebbe legittimamente essere rifiutata, ma in conseguenza della soglia legislativamente prevista all'uso del contante, un'offerta di pagamento che superi tale soglia non può essere accettata.

Tale aporia normativa appare insolubile, né le finalità comunicate al fine dell'introduzione di tali soglie (lotta all'evasione fiscale, al riciclaggio, ecc.) sono idonee a risolvere un conflitto così radicale, giacché, sotto il profilo logico, l'individuazione di una data finalità, ancorché lodevole, non è sufficiente a dirimere una incoerenza logica.

Notiamo ora che la previsione normativa introdotta dal trattato di Maastricht, che ha sostituito l'euro alla lira come moneta a corso legale, si è limitata a prevedere una nuova moneta a corso legale, ossia una moneta la cui offerta da parte del debitore di un'obbligazione pecuniaria non può legittimamente essere rifiutata dal relativo creditore.

Tuttavia, analogamente a quanto avveniva già prima dell'introduzione dell'euro, il fatto che sia stata individuata una specifica moneta come moneta di Stato, ossia come moneta avente corso legale nel territorio dello Stato, non preclude l'adozione di monete diverse.

Per quanto già osservato al precedente paragrafo, la moneta individuata dallo Stato come moneta a corso legale costituisce, per ciò stesso, la moneta ad accettazione più diffusa tra i consociati, ma ciò non esclude che essi possano usare anche altre monete.

Per completezza di esposizione, va osservato che tale possibilità è da estendersi allo stesso Stato. Invero, prima della firma del trattato di Maastricht, gli Stati dell'Unione erano liberi di individuare più di una moneta cui conferire il corso legale, giacché questa è una prerogativa sovrana, che definisce la cosiddetta *lex monetae*. Lo Stato, nell'esercizio delle proprie prerogative sovrane, è libero di individuare la moneta o le monete che, per legge, hanno potere liberatorio delle obbligazioni pecuniarie nel territorio dello Stato.

La Repubblica Italiana, mediante il trattato di Maastricht, ha individuato l'euro come unica moneta a corso legale nel proprio territorio.

Ne consegue che, fino a quando la Repubblica Italiana non deciderà di revocare la propria adesione a tale previsione normativa, l'euro sarà l'unica moneta avente corso legale nel territorio della Repubblica.

Ciò non esclude che la Repubblica possa decidere di adottare, oltre ad una moneta a corso legale, anche una moneta a corso libero.

La differenza tra le due è evidente, poiché, come precisa già l'espressione, mentre la moneta a corso legale non può essere legittimamente rifiutata da un creditore in pagamento di una obbligazione pecuniaria, la moneta a corso libero sì, per cui il debitore sarà liberato dal proprio debito solo se il creditore accetta di essere pagato in quella moneta.

La moneta a corso libero non è stata disciplinata dal trattato di Maastricht, né da qualsiasi normativa nazionale, per un motivo molto semplice, essa rientra nella libertà dell'iniziativa economica privata, che è un diritto costituzionalmente riconosciuto e garantito.

Come ha osservato la Banca Centrale Europea,[16] l'accettazione di una moneta diversa da quella a corso legale rientra in una libera scelta del creditore, il quale è assolutamente libero di concordare con il debitore in quale moneta essere soddisfatto (la BCE parla di "moneta contrattuale").

Ne consegue che, fermo restando l'euro come moneta a corso legale, lo Stato, in quanto creditore, è pienamente libero di accettare in pagamento dei propri crediti una moneta diversa da quella avente corso legale.

Lo Stato, pertanto, ben potrebbe affiancare all'euro, avente corso legale, un'altra moneta avente corso libero, mediante la quale i debitori dello Stato, senza esserne obbligati, possono estinguere le proprie obbligazioni con lo Stato.

---

[16] European Central Bank, Virtual Currency Scheme – A Further Analysis, 2015, p. 24.

L'accettazione statale di tale ulteriore moneta indurrebbe i consociati a fare altrettanto, ossia ad accettare tale moneta a corso libero in pagamento dei propri crediti.

In tal modo si introdurrebbe una doppia circolazione monetaria, una – con l'euro – in relazione ad ogni transazione, anche transfrontaliera, e l'altra – con la nuova moneta – riservata alle transazioni interne.

L'adozione statale di questa seconda moneta può essere effettuata in vari modi, per esempio accettandola in pagamento totale o parziale dei tributi, ovvero erogandola ai cittadini per varie provvidenze nonché a titolo di reddito di cittadinanza.

Sotto il profilo macroeconomico non si può sottacere che, qualora questa nuova moneta fosse utilizzabile per qualsiasi tipo di acquisto, e quindi anche per le merci da importazione, essa potrebbe determinare un aggravio della bilancia commerciale giacché maggior potere d'acquisto indiscriminato si traduce in maggior volume degli acquisti, indipendentemente da dove le relative merci sono prodotte.

In un Paese con forti importazioni, tale maggior potere d'acquisto, ove non indirizzato alla produzione interna, potrebbe tradursi in un proporzionale aumento delle importazioni (nella misura in cui la quota dei beni importati incide sul totale dei beni acquistati).

Non vi sarebbero particolari problemi, invece, per quanto concerne la riduzione delle entrate statali in moneta a corso legale, nella misura in cui lo Stato sarebbe in grado di pagare i propri fornitori interni in moneta a corso libero.

E con una diffusa accettazione di tale nuova moneta, indotta dall'accettazione statale, non si vede perché anche i fornitori statali non dovrebbero accettarla.

Qualora lo Stato decidesse di adottare tale nuova moneta (anche) mediante l'erogazione di un reddito di cittadinanza, è opportuno precisare che il reddito di cittadinanza propriamente detto non nasce essenzialmente per finalità sociali ma prevalentemente per finalità monetarie.

Esso, infatti, si fonda sulla constatazione già analizzata, per la quale chi crea il valore della moneta non è chi la emette ma chi l'accetta. Ne consegue che è tecnicamente scorretto attribuire il valore della creazione monetaria al soggetto che la emette. Bisogna pertanto individuare il soggetto cui è tecnicamente corretto attribuire il valore monetario derivante dalla relativa emissione.

Poiché il valore monetario è creato dalla collettività, è tecnicamente corretto attribuire alla collettività tale valore. La definizione scelta, reddito di cittadinanza, evidenzia proprio questo, ossia che si diventa titolari di valori monetari per il semplice fatto di essere cittadini.

Questo perché non è necessario alcun sinallagma per l'insorgenza del valore monetario, ossia non serve alcuna controprestazione (non si tratta, infatti, di un valore creditizio), è sufficiente l'accordo dei consociati nell'accettazione di quella data moneta come mezzo di scambio, poiché, come ci ricorda Aristotele, la moneta nasce per convenzione e non ha bisogno di altro.

Non ha bisogno di essere convertibile, non ha bisogno di essere garantita, non ha bisogno di alcuna autorità, la moneta nasce se la collettività vuole che nasca, e si fonda sulla fiducia dei consociati.

3. La moneta può essere scarsa?

Per quanto sin qui osservato, e per quanto già rilavato circa 2.300 anni fa da Aristotele, la moneta, non derivando da un accadimento naturale ma da un comportamento umano - una convenzione sociale - non può mai essere scarsa.

Sì è avuta plateale conferma di questa constatazione dalla condotta delle principali banche centrali del mondo almeno a partire dal 2008, ossia da quando si è sostenuta la necessità di imponenti immissioni monetarie - in USA: TARP *et similia*, in UE: *Quantitative Easing*, ecc. - per la necessità di rianimare la circolazione monetaria interbancaria.

Negli USA il programma TARP (*Troubled Assets Relief Program*) ha comportato dal 2008 al 2014 un'autorizzazione di mezzi monetari pari a 426.4 migliaia di miliardi di dollari,[17]

---

[17] Ryan Tracy, Julie Steinberg, Telis Demos, *Banks Bailouts Approach a Final Rekoning*, The Wall Street Journal, 28/12/2014

mentre il bilancio della *Federal Reserve* è passato da 870 miliardi di dollari nel 2008 a 4.430 miliardi di dollari nel 2015 (settembre).

La BCE, a partire da gennaio 2015, ha esteso il proprio piano di autorizzazione di mezzi monetari prevedendo una emissione mensile pari a 60 miliardi di euro, poi portati ad 80 da marzo 2016. In pratica, non vi è stato reperimento di risorse per un ammontare pari a quello indicato né vi è stata stampa di moneta di pari importo.

Semplicemente, i Governatori delle rispettive banche centrali si sono limitati a dare disposizione ai propri funzionari affinché accreditassero sui conti dei beneficiari tali monumentali importi, a fronte della cessione di *"assets"* più o meno *"troubled"* (dai "titoli spazzatura" accettati dalla Fed ai *bonds* accettati dalla BCE). Mere scritture contabili.

Sia detto per inciso, la Germania, in violazione dei principi del cosiddetto Fiscal Compact, dal 2008 ha concesso aiuti di Stato alle proprie banche per 620 miliardi di euro, pari al 24% del Pil tedesco (salvo poi opporsi a che l'Italia facesse una minima parte di quanto fatto dalla medesima, evidentemente per una curiosa interpretazione dell'espressione "comunità europea").

Ma cosa era successo?

In sostanza, a seguito di una diffusa perdita di fiducia reciproca tra le stesse istituzione finanziarie, il mercato dei prestiti interbancari si stava prosciugando. Ciascuna banca aveva contezza del significativo ammontare dei crediti deteriorati - se non dei prodotti finanziari "spazzatura", poiché divenuti inopinatamente illiquidi - nei propri bilanci e sospettava che le altre banche ne detenessero in quantità assimilabili.

Ciò ha determinato la stasi del mercato interbancario con la conseguente necessità di intervento da parte delle banche centrali, in qualità di prestatori di ultima istanza, le quali hanno fatto ciò che più nessuna banca intendeva fare: prestare denaro ad una banca.

Le banche centrali, però, non hanno preteso nulla (in Europa sino al 2014) dalle banche commerciali da loro finanziate, in cambio di tali monumentali immissioni monetarie.

La conseguenza è stata che le banche commerciali hanno ripreso bellamente a fare ciò che facevano prima, ossia essenzialmente attività speculativa (spesso accumulando rovinosamente perdite), dimenticandosi di fare prevalentemente attività creditizia, ossia prestare denaro a cittadini ed imprese.

Questo non perché le banche siano brutte, sporche e cattive, ma semplicemente perché non è stato posto loro alcun vincolo, in quanto sono state finanziate in modo incondizionato, senza che qualcuno pretendesse che impiegassero una parte più o meno significativa di tali finanziamenti per il credito bancario.

In assenza di vincoli di qualsivoglia natura, le banche commerciali, mosse unicamente e legittimamente da finalità di lucro, in quanto società di capitali, si sono sentite libere di fare ciò che non potevano fare prima di diventare "banche universali", in quanto l'attività speculativa era riservata alle cosiddette banche d'investimento.

Ne è conseguito l'assoggettamento a rischio della intera collettività in quanto una funzione di primaria importanza sociale quale l'attività creditizia, una volta fusa con un'attività di non pari rilevanza sociale, quale quella speculativa, ha comportato la necessità di una garanzia in qualche modo pubblica anche in conseguenza di perdite non derivanti dall'attività socialmente rilevante di credito bancario.

La collettività si è così vista addossare il rischio di salvataggi bancari anche in conseguenza dell'esercizio di un'attività non particolarmente meritevole di essere tutelata, come la speculazione finanziaria.

Poiché, però, non vi era più la possibilità di distinguere tra soggetti che esercitavano solo l'attività bancaria di base e quelli che esercitavano solo l'attività speculativa, a fronte dell'insorgenza di una insanabile insostenibilità finanziaria o si operava un salvataggio o si consentiva il *default*, che, per quanto detto, avrebbe coinvolto la clientela *retail*, ossia soggetti che non avevano alcuna voglia di speculare.

Questa è una conseguenza inevitabile della soppressione della separazione delle banche in base all'attività esercitata – ordinaria/speculativa – operata negli Usa, nel 1999, con l'abolizione della legge bancaria del '33 ossia la legge Glass-Steagall (nata per evitare il ripetersi della crisi di Wall Street del

'29), ed in Italia con l'abolizione della legge bancaria del '36, la quale, individuando la tutela del risparmio come un interesse pubblico, prevedeva la netta separazione tra banche d'investimento e banche commerciali, e queste ultime, disciplinate dal diritto pubblico, non potevano né effettuare attività speculativa, né far credito al settore industriale, né detenere partecipazioni aziendali.

Per la verità, in Italia la soppressione di tale distinzione è avvenuta già nel 1993, con l'entrata in vigore del Testo Unico Bancario – TUB – elaborato da colui che sarebbe diventato tra i più brillanti Governatori centrali del mondo: Mario Draghi.

In pratica, poiché le banche, divenute universali, svolgono sia attività creditizia tradizionale sia attività speculativa o ultra-speculativa, in caso di insorgenza di problemi finanziari non si poteva non salvarle, a pena di arrecare danni economici anche e soprattutto ai piccoli risparmiatori, in espressa violazione del primo comma dell'art. 47 della Costituzione, che così recita: *"La Repubblica incoraggia e tutela il risparmio in tutte le sue forme; disciplina, coordina e controlla l'esercizio del credito"*.

Al di là, quindi, della disciplina, del coordinamento e del controllo del credito, è un preciso dovere costituzionale degli organi della Repubblica quello di tutelare il risparmio, in tutte le sue forme (altro che *bail in*).

Poiché tale previsione costituzionale rientra nella parte della Costituzione relativa alla individuazione e tutela dei principi cardine dell'ordinamento italiano, essa non è derogabile né da normativa pattizia internazionale né da modifiche costituzionali, a pena di determinare l'integrale abolizione della Costituzione stessa.

Fin quando la Costituzione sarà formalmente in vigore, qualsiasi norma, di qualsiasi fonte ed in qualsiasi forma sia ad essa contraria è da ritenersi palesemente incostituzionale, ossia contraria al patto sociale che gli Italiani si sono dati e che hanno formalizzato al rango più elevato.

Una norma contraria a tali principi, ancorché adottata per via legislativa, è da ritenersi, in quanto anticostituzionale, contraria ai canoni del vivere civile che gli Italiani si sono dati, e quindi ingiusta.

La monumentale immissione monetaria summenzionata, oltre a dimostrare in modo definitivo che il denaro non può mancare per definizione, pone un problema di cosa poter finanziare con tale denaro, ossia pone una ineludibile questione politica.

Invero, venuta definitivamente meno la fattispecie della rarità monetaria proprio perché il denaro può essere creato *ad libitum* (ossia a volontà, al netto delle considerazione di ordine inflazionistico), si pone il problema di come gestire tale creazione monetaria, e più nello specifico, di chi e come ne deve individuare i beneficiari, giacché tale selezione ha evidenti ricadute sul piano sociale.

Poiché la risposta a tale interrogativo esula dalla presente trattazione, possiamo passare ad un'ultima considerazione.

La BCE, con un comunicato del 24 novembre 2015 (aggiornato il 20 giugno 2017)[18] ha finalmente riconosciuto la verità, ossia ha pubblicamente ammesso, in buona sostanza, che le banche non sono intermediari finanziari.

---

[18] https://www.ecb.europa.eu/explainers/tell-me-more/html/what_is_money.it.html

Per quanto strana possa sembrare questa affermazione, basti pensare che non si tratta affatto di una novità, giacché la Banca d'Inghilterra, correttamente, lo aveva già espressamente riconosciuto nel 2014.[19]

In pratica, memore di quanto già ammesso dalla Banca d'Inghilterra, la BCE ha ribadito che le banche commerciali possono creare moneta "interna" (moneta bancaria, moneta scritturale), ossia depositi bancari, ogni volta che erogano un nuovo prestito.

Ed invero, la Banca d'Inghilterra aveva finalmente rivelato al mondo che *"non sono i prestiti a seguire i depositi, ma i depositi a seguire i prestiti"*.

Cosa significa? Che non vi è alcuna necessità di una preesistente disponibilità – ancorché frazionaria - al fine dell'erogazione di un prestito, giacché la relativa disponibilità viene creata al momento, ossia all'atto dell'erogazione del prestito, mediante la creazione dell'opportuno deposito.

---

[19] Bank of England, Quarterly Bulletin 2014 Q1:
http://www.bankofengland.co.uk/publications/Documents/quarterlybulletin/2014/qb14q102.pdf

Il deposito non deve essere preesistente rispetto alla concessione del prestito, giacché viene creato alla bisogna. Non è necessario attingere ad alcuna preesistente disponibilità patrimoniale, quindi non si effettua alcuna intermediazione, ma una pura e semplice creazione di moneta, nella esatta misura in cui serve per l'erogazione del prestito: ti devo prestare 100? Creo 100 e li metto a deposito.

Pochi però hanno notato che, se è così, dov'è il rischio? Cosa rischia la banca se presta denaro che non ha, ma che crea al momento? Quale sarebbe l'attività di rischio d'impresa, idonea a legittimare un profitto?

Se il denaro viene creato alla bisogna, che senso ha parlare di "costo del denaro"? Se la banca commerciale, al pari della banca centrale, può creare denaro in tal modo, non si può parlare di risorsa scarsa. Ma se la risorsa non è scarsa, perché ha un prezzo?

Ha forse un prezzo l'aria, la luce del sole, la capacità di scrivere numeri su un computer? Ma se la moneta non è una risorsa scarsa in quanto può essere creata a piacimento (*ad libitum*), significa che il fondamento del capitalismo, ossia il capitale (sotto forma di capitale finanziario), cessa di essere una risorsa, in quanto una risorsa che non sia scarsa non è una risorsa.

Allora, la Banca Centrale Europea, facendo seguito alla Banca d'Inghilterra, ha certificato la fine del capitalismo.

Niente di più e niente di meno.

www.ingramcontent.com/pod-product-compliance
Lightning Source LLC
Chambersburg PA
CBHW021929170526
45157CB00005B/2240